JN238153

やめる力《ちから》

Quit to Begin

マツダミヒロ

Mihiro Matsuda

中経出版

イメージしてみてください。

海外旅行に出かけたあなた。
友人たちにおみやげを買おうと
ショッピングセンターに行きました。

安くて珍しいモノばかりあったので、
すぐに荷物がいっぱいに。

ホテルから歩いてきていたので
持って帰るしかありません。

あなたは両手いっぱいに荷物を抱え、
ホテルへ向かいました。

その途中で、
現地にしかなさそうな魅力的なお店を発見。

今日は旅行最終日。

お店はもうちょっとで閉店の時間。

どうしても、
そのお店でおみやげを買いたい！

でも、今のあなたは腕いっぱいに
荷物を抱えています。

さて、どうしますか？

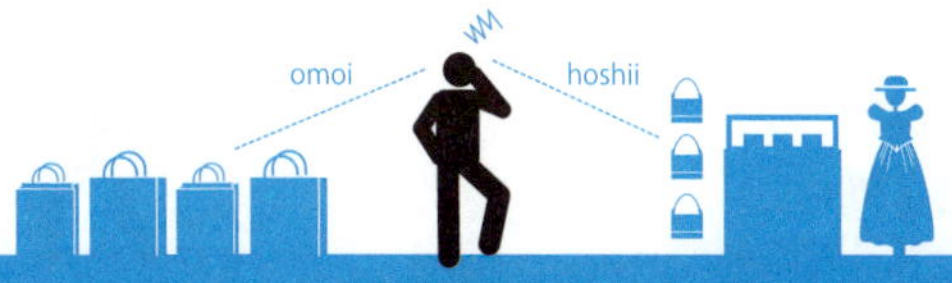

答えは２つ。

１．新しいおみやげを買うのをあきらめる。
２．持っているおみやげを捨てて
　　新しいおみやげを買う。
のどちらかです。

ところが、これが人生になると
選べないはずの３つ目の選択肢を考えはじめます。

「どれも手放さずにさらに手に入れる」
というものです。

この選択をしてしまうと何かが犠牲になってしまいます。

時間か、
カラダか、
家族か、
ココロか。

何かを手に入れるためには
まずは手放さなければいけません。

そう、
やめることが必要なのです。

やめることは
勇気がいります。

はじめることよりも
やめることのほうが
何倍もエネルギーを使います。

だから、
多くの人が
やめられずに
不満を持ちつつも現状を維持しているのです。

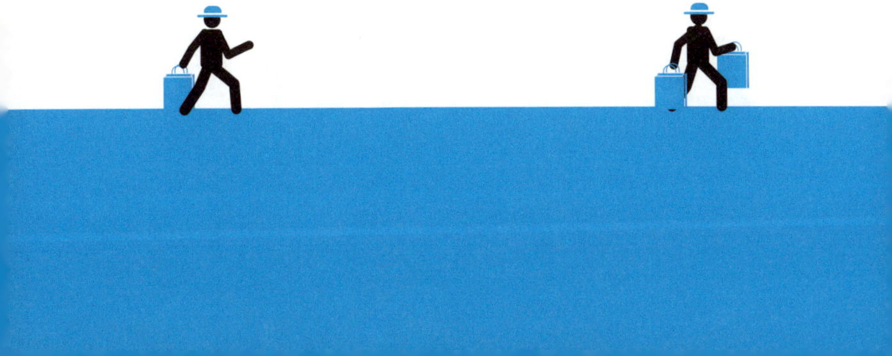

私ももっともっと成功したい、
そんなふうに思っていたころがありました。

そのときは、
たくさんの知識や技術を身につければうまくいくはず。
どんなことにも挑戦して経験を積んだほうが
うまくいくはず。

情報や人脈は多ければ多いほうが有利。
人が休んでいるときにもたくさん働いたほうが有利。

そう信じていたのです。

そしてそれを実践していきました。

たくさん本を読み、
新聞を毎日何紙も読み、
講演会があれば聞きに行き、
会合があればできる限り参加する。

もちろん仕事は朝から夜中まで休みなく毎日行なう。
生きているというより戦っているという感じです。

ライバル会社が敵だと思っていましたが
途中から何が敵かわからず
すべてが敵のように思えてきてしまいます。

勝つか負けるか、生きるか死ぬかしか選択肢はない。

すべてに答えがあるものだと信じ、
方程式があればビジネスは成功できるものだと思いこみ
がむしゃらに仕事をしていました。

どうがんばっても時間が足りない。

忙しさが増していく。
でも、がんばり続ける。

そして、燃え尽きました。

今までは、何かをプラスすれば成功する
という考え方が多かったと思います。

知識を身につければ。
資格を取れば。
お金があれば。

これらは足し算の成功法です。

でも、いろいろなモノをプラスして
身につけていくことは
鎧《よろい》を身につけていくようなもの。

ココロの鎧や
知識の鎧。

着れば着るほど自分が見えなくなってしまいます。

動きも鈍くなってしまいます。

これからはその逆の発想が必要かもしれません。

何をやめて、
何を捨てて、
何を手放すか。

引き算の成功法です。

足していく発想ではなく、引いていく発想です。

引いていけばいくほど
本質しか残りません。

鎧を脱ぎ捨てていったとき、
飾った自分ではなく
本当の自分がそこに見えてきます。

本当の自分をさらけ出すのは
最初は恥ずかしいし、自信がありません。

人は自分を大きく見せたいものですから。
でも、大きく見せてもそれは虚像。

結局判断されるのは
本当の自分、等身大の自分なのです。

私は今、よく「自然体ですね！」
「無理してないのにうまくいっているんですね！」
と言われます。

それは、やめる力を身につけたからです。

自分が無理だと感じることは手放し、
自分らしいと感じること、
自然にできることを選択できるようになりました。

あなたは、今の人生に満足していますか？

「はい！」と答えた方は
この本は役に立たないかもしれません。

「いいえ！」と答えた方は、
何かやめるべきことがあるはずなのです。

あなたの「やめる力」を養い、
やめるきっかけをつくってください。

そして、
やめてから、新しいことをはじめてください。

人生は、やめることをはじめるだけで
うまくいくのですから。

Yameru-Chikara

Contents

【3章　自分を好きになるための「やめる力」】

1章

Chapter-one

理想の未来に近づくための
やめる力《ちから》

やめる力 1

「ごほうびだけを追いかける」をやめる。

あなたの夢は何？

高級車がほしい。
南の島に行きたい。
たくさん出てくることだろう。

でも、それらが本当に夢なのだろうか。

「夢」とは、人の役に立つモノ。
「ごほうび」とは、自分のためだけのモノ。

そう意識しないと
夢のリストがごほうびのリストだけになってしまう。

もちろん、ごほうびはあってもいいが、
自分のためだけのモノばかりではなく、
誰かの役に立つモノも考えてみよう。

ごほうびだけを追いかけるのを
やめてみよう。

1 はじめる力

「夢を叶える」をはじめる。

人の役に立つ夢、
世の中の役に立つ夢は
たくさんの人が応援してくれる。
共感してくれる。

だから
実現が早くなる。

自分のためのごほうびも大切だけれど、
それと同じくらいの夢も持ってみよう。

ごほうびと夢のバランスを取りながら
自分のため
世の中のために動いてみよう。

あなたの夢はひとりで叶《かな》えるものじゃない。

はじめの一歩

あなたの夢のリストをつくってみよう。

やめる力 2

「過去にとらわれる」をやめる。

今の自分は
過去からできている。

だからといって
過去にとらわれすぎると
これからの成長のジャマになる。

昔からダメだったから今もダメなんじゃないか。
今までやったことがないからとても不安だ。

でも過去は過去。
変えることはできない。

成長のもとにすることは必要だが
縛られる必要はない。

過去にとらわれることを
やめてみよう。

2 はじめる力

「未来を見る」をはじめる。

未来をつくるのは
あなた自身。

過去がどうであれ、
今、この瞬間から
未来をつくりあげることができる。

どんな未来がきたら
最高にしあわせだろう？

すべての枠をはずして
過去へのとらわれをなくして、考えてみよう。

今出てきたそのイメージは
あなたが実現できる世界に限りなく近い。

はじめの一歩

自分が思い描く理想の未来像に近づくために、今日できることを書き出してみよう。

やめる力 3

「グチを言う」をやめる。

他人の文句を言うのは簡単。
一瞬、すっきりするかもしれない。

でも、そこからは何も生まれない。
逆に、いやな気持ちが残るだけ。

それに、いつもグチを言っている自分を
想像してほしい。

もしあなたが子どもだったら
グチを言っている大人をカッコイイと
思うだろうか。

グチによって
あなたの魅力も半減してしまう。

グチを言うのを
やめてみよう。

3 はじめる力

「夢を語る」をはじめる。

輝いている人は夢を語っている。

実現できるかどうかは関係ない。

こうなったら楽しいよね。
こんな未来だったらワクワクするよね。

そんな話は聞いていて楽しい。
エネルギーをもらえる。

あなたが夢を語るだけで
まわりを元気にしてしまう。

夢を口に出して
自分のまわりからでも輝く未来をつくっていこう。

はじめの一歩

まず、一番身近な家族や友人に、自分の夢を話してみよう。

やめる力 4

「苦手なことをやる」をやめる。

何度やってもうまくいかない。
素質がないのかな。

そう、思い悩むことがあるかもしれない。

でも誰にでも苦手なことはある。

そして、苦手なことは
なかなか上達しないもの。

苦手なことに挑戦し続けるよりも
まずは、得意なことを伸ばしてみよう。

あなたに求められているのは
あなたらしさが発揮できることなのだから。

苦手なことをやるのを
やめてみよう。

4 はじめる力

「仲間を探す」をはじめる。

自分の得意なことを書いてみよう。
自分の苦手なことを書いてみよう。

苦手なことは、
やらなくてもいい。
あなたの苦手なことが得意な仲間を探すだけ。

そして
その仲間といっしょにチームをつくろう。

「チーム○○（あなた）」

きっと史上最強のチームになるはず。

はじめの一歩

mixi※のコミュニティーやサークルに参加してみよう。

※特定の関心がある人たち同士が意見交換できる web サイト。

やめる力 5

「抱える」をやめる。

いつか役立つかもしれない。
いいことがあるかもしれない。

そう思って手元に置いていても
もう何年も使っていない、
というモノも結構あるはず。

使わないモノは
なくても支障がないモノ。

持っていることに価値はない。
モノは使ってはじめて価値が生まれる。

たくさん持っていることが豊かなのではない。

抱えるのを
やめてみよう。

5 はじめる力

「手放す」をはじめる。

何かを手放すとき、
怖いかもしれない。

手放すには勇気がいる。

でも自分で持てる量には限界がある。

モノを手放し
考えを手放してみよう。

手放しても
何も変わらないことに気づこう。

いらないモノを手放すと
本当にほしいモノがやってくる。

はじめの一歩

クローゼットを整理して、着ていない服を処分しよう。

やめる力 6

「ぶれること」をやめる。

他人がしていることが
うらやましく思えてしまう。

同じようなことをやってみようかな。
私もあんなふうになりたいな。

そう考えてしまうのは
「想い」がぶれている証拠。

いろいろなモノに手を出して、またやめて、
行動もぶれてしまう。

うらやましいと思う気持ちと
嫉妬するココロを手放してみよう。

誰かを目指さなくても
あなたは、あなたのままで十分だから。

ぶれることを
やめてみよう。

6 はじめる力

「軸を持つ」をはじめる。

生活のために仕事をしている人もいる。
お金のために仕事をしている人もいる。
人の目が気になって、やりたいことができない人もいる。

でも、時間も、お金も、自信もあったとしたら。

何の制限もないとしたら
あなたは何をやりたいだろうか。

そこで出てきた答えが
自分の軸となる活動のもとかもしれない。

自分のための行動を選択してみよう。
それがあなたの軸となっていくから。

はじめの一歩

今までの人生で楽しかった出来事を思い出してみよう。

やめる力 7

「新しい挑戦」をやめる。

人と同じことをやっていたら
成功できない。

人と違うことをやっていかないといけない。

そう思って
人のやらない珍しいこと、
新しいことに挑戦ばかりしていても
それを継続していかないと、力は蓄積されない。

一瞬の効果しか生まない。

本質的には何も変わらない。

新しい挑戦を
やめてみよう。

7 はじめる力

「当たり前のことをする」をはじめる。

ものごとをうまく進める秘訣は何か。

それは、当たり前のことを当たり前にやること。

ちょっと地味だけど、一番効果があること。
簡単そうだけど、なかなかできないこと。

それが当たり前のこと。

特別なことをしようとする前に、
やって当たり前のことをコツコツ続けよう。

そうすれば、きっとうまくいく。

はじめの一歩

毎朝机の整理をするなど、毎日、ひとつでも当たり前のことを続けてみよう。

やめる力 8

「大きいことをはじめる」をやめる。

やるからには、
大きいことをやりたい！

目立つことをやりたい！

有名になりたい！

そんな理由で何かをはじめてしまうと、
結局はうまくいかなくなる。

そして、
同じような基準で
人やモノを判断してしまうようになる。

大きいから安心、大きいからいいというわけじゃない。

人に選ばれるのは
本物の「想い」のあるモノ。

大きいことをはじめるのを
やめてみよう。

8 はじめる力

「小さいことからはじめる」
をはじめる。

大きいことをはじめたほうが
きっといいことがある。

そんな考えは捨ててしまおう。

無理に大きなことをはじめると
軌道修正がむずかしい。
後戻りがむずかしい。

でも、小さいことからはじめれば、
もしうまくいかなくても
再スタートできる。

そんなふうに力を抜いてはじめたほうが
ものごとはうまく回っていく。

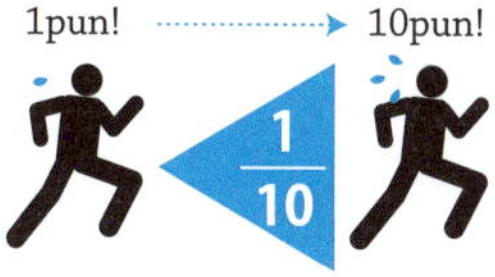

はじめの一歩

10分間ジョギングをしたいなら、まずは1分から。やりたいことを1／10からはじめてみよう。

やめる力 9

「仕事を一番大切にする」をやめる。

仕事を一生懸命やらなければ、
どうやって食べていくの？

そんなふうに思っている人が多いかもしれない。

人生の中で、仕事に費やす時間は多い。

でも、
仕事以外の時間はそれ以上に多い。

仕事のための人生か、
人生のための仕事か。

本当の目的を見失わずに、生きていきたい。

仕事を一番大切にするのを
やめてみよう。

9 はじめる力

「仕事以外を大切にする」をはじめる。

仕事がうまくいっていても、
家庭がうまくいっていなければ
結局仕事に支障が出る。

健康に問題があっても、仕事に支障が出る。

まったく遊ばない、仕事だけの人生が
豊かとは限らない。

バランスよく
人生を生きていこう。

そのためには、
仕事中心ではなく
自分中心の人生をつくっていこう。

はじめの一歩

1カ月間休みがあったらどんなことをするか、休みを満喫する計画を立ててみよう。

1カ月の休み満喫計画

1（月） マッサージへ行く 	2（火） たまったDVDを見る 	3（水） ヨガの体験レッスンに参加 	4（木） 近所を散歩する 
8 旅行中 	9 旅行中 	10 旅行中 	11 旅行中 
15 友人たちに手紙を書く 	16 農業体験 	17 料理をつくってホームパーティーを開く 	18 美術館巡り 
22 実家へ 	23 お墓参りに行く 	24 母親と買い物 	25 母校へ遊びに行く 
29 大学のオープンキャンパスへ 	30 ご無沙汰している友人と会う 	31 目標を筆で書く 	

5（金） 着なくなった服をリメイク	6（土） 海外旅行へ行く	7（日） 旅行中
12 旅行中	13 家でゆっくり過ごす	14 3km 走ってみる
19 部屋の模様替え	20 各駅停車の電車に乗って気になる駅で降りてみる	21 5km 走ってみる
26 おしゃれして食事へ	27 お気に入りのカフェで読書	28 7km 走ってみる

やめる力 10

「聞き流す」をやめる。

せっかくいい話を聞いても
時間がたつと忘れてしまう。

それは仕方のないこと。
人は忘れるようにできているから。

でも、話の聞き方によって、
すぐに忘れてしまうこと
長く覚えていられることがある。

絶対に忘れたくない話は
なんとなく聞くのをやめよう。

しっかり耳を傾けて、
質問したり、感想を伝えたりすることが大切。

話を聞き流すのを
やめてみよう。

10 はじめる力

「メモを取る」をはじめる。

誰かに何かを教えてもらうときは
メモを取ろう。

話していた内容だけでなく
そこから感じたことや、気づいたことも記録しよう。
そうすれば、教わったことが
いつでも自分のモノとしてよみがえる。

そして
メモを取るときの真剣さが伝われば
相手はさらに、いろいろなことを教えてくれる。
惜しみなく。

メモひとつで
人生が変わっていくチャンスがある。

NOTEBOOK!

はじめの一歩

気に入ったデザインのノートを買って、いつでもメモできるように持ち歩こう。

やめる力 11

「あきらめる」をやめる。

どうせ無理だしな。

やってもいないのにあきらめることは多い。

いつもダメだから
今回もダメだろう。

でも
成功の一番の障害はあきらめること。

あきらめなければ必ず成功する。

やって、失敗してもいい。
またチャレンジすればいい。
失敗は成功への第一歩だから。

あきらめることを
やめてみよう。

11 はじめる力

「頼んでみる」をはじめる。

あなたがしてほしいことを
素直に人に頼んでみよう。

断られるかもしれないけれど
もしかしたら断られないかもしれない。

頼むということは
相手を信頼するということ。

信頼されていやな人はいない。

相手がこころよく引き受けてくれるように
素直な気持ちで
勇気を持って頼んでみよう。

onegai

はじめの一歩

今まで自分でやってきたことを、ひとつ誰かに頼んでみよう。

やめる力 12

「情報収集」をやめる。

情報が
あればあるほど有利になる。

そう思って
たくさんのニュースを見て、
雑誌を読んで、
インターネットを検索して、情報を蓄積する。

そして
情報がたくさんあるだけで安心してしまう。

でも大事なのは
集めた情報をどう生かすか。

ただただ、情報収集するだけでは意味がない。

少ない情報量でも
あなたに本当に役立つ情報があればそれでいい。

情報収集を
やめてみよう。

12 はじめる力

「情報から離れる」をはじめる。

あなたに必要な情報は、
アンテナを立てていれば
きちんと自分のところにやってくる。

探せば探すほど見つからない。
求めれば求めるほど離れていく。

探すことに集中するのではなく、
まずは自分がほしい情報を
明確にすることに集中してみよう。

そして、あなたの情報アンテナを高くすること、
感度をよくすること。

そうすれば、入ってくる情報だけが
あなたにとって本当に必要な情報である。

はじめの一歩

**新聞も、テレビも、インターネットも見ない
1日をつくってみよう。**

やめる力 13

「情報を受け取るだけ」をやめる。

本を読む。
習い事に行く。
ネットで最新情報をチェックする。

とにかく、たくさんの情報を入手する。

そうすれば、
その情報がいつか役立つと思っているかもしれない。

でも、
ただインプットするだけでは自分の身にならない。

情報は食事と同じ。

吸収して、アウトプットして
はじめて身につく。

ただ情報を受け取るだけを
やめてみよう。

13 はじめる力

「情報を発信する」をはじめる。

情報は、ためこんでばかりじゃ意味がない。
自分から情報を発信すれば
今度は、新たな情報が集まってくる。

発信する数が多ければ多いほど
あなたの元にやってくる数も多くなる。

誰も知らない情報じゃなくてもいい、
人より優れた情報じゃなくてもいい。

あなたが思ったこと、感じたこと、
気づいたこと、学んだことを
発信してみよう。

きっとあなたの情報に、ココロを響かせる人がいるはずだ。

はじめの一歩

ブログやラジオの投稿などで、自分の情報を発信してみよう。

やめる力 14

「なんでも引き受ける」をやめる。

なんだか、いつも忙しい。

あれもこれも引き受けていると
そんな状態になってしまう。

自分を頼ってきた人の
頼みごとなら聞いてあげたい
という気持ちは誰にでもあるもの

でも、
カラダはひとつ。

時間は 1 日 24 時間。

無理をすれば、ココロやカラダがこわれてしまう。

あなたがココロからやりたいモノだけを選び、
なんでも引き受けるのを
やめてみよう。

14 はじめる力

「断る」をはじめる。

仕事や友人の頼みごと、
断るのはちょっと勇気がいるもの。

でも、チャンスはそのときにしかないわけではない。

今引き受けることにちゅうちょがあるなら、
思い切って断ってみよう。

それで相手との関係が悪くなったら
それだけのおつきあい。

あなたを信じている人は
あなたに何度もチャンスをくれるはず。

断る勇気を身につけよう。

muridesu
tanomu!

はじめの一歩

**いやいや引き受けていたことを頼まれたら、
今度は断ってみよう。**

やめる力 15

「目の前の目標だけを見る」をやめる。

とりあえずの目標をかかげると
その目標だけが目に入る。

それ以外のことは忘れてしまう。
目標の先にある本当の目的も。

近くだけではなく、遠くも見てみよう。

はじめて行った街でも
遠くに目立つ目印があれば
必ず目的地にたどり着くことができる。

目の前にある目標に向かう前に
まず、もっと先の本来たどり着きたい場所を
あらためて確認してみよう。

目の前の目標だけを見るのを
やめてみよう。

15 はじめる力

「本当の目的を目指す」
をはじめる。

営業成績を上げるため100社と商談をする
という目標の先には
10社以上から契約を取りたいという本当の目的がある。

家族でディズニーランドに行きたい
という望みの先には
家族でしあわせな時間を過ごしたい
という本当の目的がある。

100社と商談をすることも
ディズニーランドに行くことも
本当の目的ではない。

その先にある本当の目的を明確にして
そこを目指してみよう。

はじめの一歩

本当の目的を紙に書いて目に見えるところにはってみよう。

やめる力 16

「準備ができてからはじめる」をやめる。

新しく何かをはじめるとき、
たくさんの準備をしないと不安かもしれない。

もし、失敗したらどうしよう。
うまくいかなかったらどうしよう。

はじめるまではとても怖い。

怖さを紛らわせるために、
準備をしている自分がいる。

でも、どれほど準備をしても
その怖さは消えない。

それならば、
準備ができてからはじめるのを
やめてみよう。

16 はじめる力

「できることからチャレンジ」をはじめる。

まずは、できることからやってみよう。

技術がなくても、
自信がなくても、
まずははじめてみること。

やってみないと、わからないこともある。
やってはじめて、わかることもある。

頭でシミュレーションするよりも
手と足を動かしたほうが
何倍もの成果を得られる。

小さく小さく、
できることからはじめよう。

はじめの一歩

今週新たにはじめることを決めて、手帳に予定を書きこもう。

やめる力 17

「ひとりでやる」をやめる。

何かをはじめるとき、
誰かをまきこんでしまうと、
自分が全責任を負わなくちゃいけないと
きゅうくつに感じてしまう。

だから、
ひとりでやったほうが楽だと思ってしまう。

でも、あなたに共感してくれる人たちとだけ
いっしょにやることができれば、
そんな気持ちにはならないはず。

ひとりでやることが、ベストじゃない。

あなたを応援してくれる人は
あなたが思っている以上に多い。

ひとりでやるのを
やめてみよう。

17 はじめる力

「共感してもらう」をはじめる。

ひとりでやれることは限られている。

チームをつくることで、
できることは広がっていく。

もし、やりたいことが見つかったら
そのことをたくさんの人たちに話して
多くの人に共感してもらおう。

共感してくれる人たちが
あなたを応援してくれる。
いっしょに動いてくれる。

自分が想像する以上のスピードで
ゴールに近づいていくことを実感できるはず。

はじめの一歩

あなたが思い描く未来の世の中を、まわりの人に伝えてみよう。

やめる力 18

「人と同じことをやる」をやめる。

人と同じことをやっていれば
失敗はしない。
恥はかかない。

そんな考えが
小さいころから心の中に根づいている。

みんなと同じような仕事、
みんなと同じような格好、
みんなと同じような人生。

そんな人が魅力的に見えるだろうか？

あなたは、あなたでしかない。

あなたの持っている個性を捨ててしまっては
もったいない。

人と同じことをやるのを
やめてみよう。

18 はじめる力

「人と違うことをやる」をはじめる。

人と違うことをやると
最初は不安かもしれない。
恐怖がやってくるかもしれない。

でも、1億の人がいたら1億のタイプがある。
そもそも同じ人は誰ひとりとしていない。

違って当たり前。

あなたらしさに気づき
それを表現していくことで
あなたの魅力がたくさんの人に伝わりはじめる。

あなたは
あなただからすばらしい。

imano watashi de
daijoubu...

はじめの一歩

夜寝る前に、「今の私で大丈夫」と声に出して言ってみよう。

2章

Chapter-two

人と上手に
コミュニケーションを取るための
やめる力《ちから》

やめる力 19

「じっとガマンする」をやめる。

夫は、
妻が本を読み終わるのをずっと待っていた。

妻は、
夫がテレビを見終わるのをずっと待っていた。

本当は、どちらも
早く寝たいと思っているのに。

このようなことは
どこでも起きている。

それは本当の気持ちを言い合うことができないから。

でも
言わずにガマンしていてもなんの解決にもならない。

じっとガマンするのを
やめてみよう。

19 はじめる力

「本当の気持ちを言う」をはじめる。

早く帰ってきてほしい。
なぜなら、たくさん話をして気持ちを理解したいから。

お酒を飲みすぎないでほしい。
なぜなら、あなたのカラダのことが心配だから。

こうしてほしいという言葉の奥には
本当の気持ちが隠されている。

だったら
行動のリクエストといっしょに
本当の気持ちも添えてあげよう。

....shitehoshii,
nazenara..............
request

はじめの一歩

何かをリクエストするとき、「なぜなら〜だから」と理由もいっしょに伝えるようにしよう。

やめる力 20

「自己紹介だけする」をやめる。

気がつくと
いつも自分のことだけしゃべっている。

ぼくはこれができます。

私はこんな経験をしています。

わが社の商品はこんなにすばらしいです。

自己PRは必要だけれど
熱がこもりすぎると、
自分の話ばかりで時間がすぎてしまう。

自己紹介はシンプルに、
インパクトを持たせて。

あとはほかの人のことをたくさん聞こう。
聞き上手ほど話し上手だから。

自己紹介だけするのを
やめてみよう。

20 はじめる力

「他者紹介」をはじめる。

出逢った人に自己紹介をしてもらったら
次からはその人の紹介を
あなたがしてみよう。

自己紹介ではなく
他者紹介ができる人のほうが魅力的。

その人のいいところを瞬時に発見し
自分のことのように
どんどん紹介してあげよう。

仲間の輪が、今まで以上に広がっていくに違いない。

はじめの一歩

新しく逢った人を、あなたの友人に紹介してみよう。

やめる力 21

「相手のココロの中を想像する」をやめる。

あの人は
きっとこう思っているはずだ！

それはあなたの推測でしかない。

そしてその推測は、
はずれている可能性も高い。

そして、
相手のココロの中を想像すると
必要のない怒りや悲しみや悩みが生まれることがある。

その感情は相手の中から生まれたものではなく
あなたの中でつくられたもの。

想像や推測をやめて、事実を確認したとき
今までの悩みはすっと消えていく。

相手のココロの中を想像するのを
やめてみよう。

21 はじめる力

「何をしてほしいか聞く」をはじめる。

長くいっしょにいれば、いっしょにいるほど
自分の気持ちは言わなくてもわかるはず
と思ってしまいがち。

でも「気持ち」は「言葉」で伝えるもの。

言わないと伝わらないし、
聞かないと確認できない。

今どんな気持ちなのか
何をしてほしいか
相手に聞いてみよう。

相手の「想い」を確認するために
言葉は存在する。

はじめの一歩

「今、してほしいことは何？」と率直に相手に聞いてみよう。

やめる力 22

「一方的に話をする」をやめる。

「自分の話を聞いてほしい！」
と思う人は多い。

それはあなただけじゃない。
相手もそう思っている。

いつも、自分ばかり話をしているな
と思うのであれば、
今度は、話したい気持ちをぐっとガマンしてみよう。

そうすれば、相手は話したい気持ちをガマンしないですむ。

きっと気持ちよく自分の気持ちや意見を
聞かせてくれるはず。

一方的に話をするのを
やめてみよう。

22 はじめる力

「話を“聴く”」をはじめる。

聞き上手の人は
こちらが伝えたい話をただ聞いてくれるだけではなく、
自分では気づいていない「想い」を引き出してくれる。

聞き上手の人と話をすると
ココロにたまっていたモノがどんどんなくなっていく感じ。

話を聞いてもらえるだけで
問題が解決したり、癒されたりする。

あなたも誰かの話をじっくり「聴く」ことを
心がけてみよう。

うなずいて
共感してあげるだけで
あなたはとても感謝される。

はじめの一歩

うなずいたり、あいづちを打ったり、共感を表しながら話を「聴く」ようにしてみよう。

「尋問」をやめる。

「なんでできないの？」
「どうして失敗してしまったの？」

これはまさに尋問。

こんなふうに質問されたら答えたくもないし、
前向きな答えも出てこない。

感情のまま
自分がただ聞きたいから聞く。
それは尋問になりがち。

相手のためを思って問いかけることで
尋問ではない質問ができる。

尋問するのを
やめてみよう。

23 はじめる力

「魔法の質問」をはじめる。

質問の仕方次第で答えは変わってくる。

「どうすればできると思う？」
「何があったら、達成できる？」

こんな質問なら
答えるだけで解決策が見えてきたり
一歩踏み出したくなったりする。

これが魔法の質問。

質問の質は、人生の質だ。

他人への質問だけではなく
自分自身にも質問してみよう。

~~WHY?~~　HOW?

はじめの一歩

「なんで（**WHY**）？」ではなく「どのようにすれば（**HOW**）？」と質問をしてみよう。

元気が出てくる「魔法の質問」

次に起こる
「うれしいこと」
は何だろう？

今日は
どんなことを
楽しもう？

理想の未来に
近づくために、
何ができる
だろう？

自分を
元気にする言葉は
何だろう？

今日は、
何に感謝できる
だろう？

今日は
どんな感動が
あっただろう？

どうすれば
うまくいく
だろう？

目標の先に、
どんな目的が
あるだろう？

このトラブル
からの学びは
何だろう？

目の前にいる
人と、いっしょに
できることは
何だろう？

この人の
素敵なところは
どこだろう？

あなたが
ホッとできる場所
はどこだろう？

友人は
どんなことを
したとき喜んで
くれただろう？

相手から
学べることは
何だろう？

10年後、
どんな姿に
なっていたい
だろう？

やらないと
決めたことは
何だろう？

自分の
どんなところが
好きだろう？

今、うまく
いっていることは
何だろう？

24時間やり
続けても苦でない
ことは何だろう？

学びを楽しむ
ための何が
できるだろう？

やめる力 24

「求められていないのに与える」をやめる。

自分がいいと思ったモノは
人にもすすめてしまいがち。

「これいいよ、使ってみて」

「絶対おすすめだよ。必ず行ってみてね」

でも、それは
あなたにとってよかっただけかもしれない。

もしかしたら
相手にとっては必要じゃないかもしれない。

自分はよかれと思って与えたモノが
逆に迷惑になってしまうこともある。

求められていないのに与えるのを
やめてみよう。

24 はじめる力

「求めているモノを覚える」をはじめる。

相手は何を求めているのか？
どんなモノを今必要としているのか？

その人がほしい情報だったり
行きたい場所、学びたいこと、
逢いたい人、ほしいモノ。

アンテナを立てて
会話の中からキャッチしてみよう。

「この人は、今あの情報を必要としているのね！」
わかったら、それを記録しておこう。

相手が求めるモノを提供できれば
とても喜んでくれるから。

はじめの一歩

出逢った人に、今求めているモノをさりげなく聞いてみよう。

25

やめる力

「ひとり占め」をやめる。

価値のあるモノを手に入れると
自分だけのモノにしてしまいたくなる。
ほかの人に渡したくなくなる。

でも結局、自分ひとりでは使いきれなかったり
余ったりすることも多いはず。

それだったら、
はじめから、みんなに分けたほうがいい。

いらなくなったから、使いきれなかったからではなく、
いいモノだから、みんなにも。

ひとり占めして喜ぶのは、自分ひとりだけ。
みんなで分ければ、みんなで喜べる。

ひとり占めを
やめてみよう。

25 はじめる力

「おすそ分け」をはじめる。

食べきれないほどの食べ物をもらったら、
ご近所におすそ分けする。

たくさんの人から喜ばれる。

だから、同じように
才能や能力もおすそ分けしてみよう。

あなたの持っているモノで
みんなに分け与えられるモノは
どんどんおすそ分けしてみよう。

忘れたころに、
素敵なお返しがやってくるかもしれない。

はじめの一歩

あなたが友人にしてあげて、喜ばれたことを、ほかの誰かにもしてあげよう。

「人によって態度を変える」をやめる。

上司には、いい顔を見せる。

部下には怒鳴りまくる。

相手によって
態度を変える人がいる。

そんな人のまわりに人は集まらない。
最後には、誰もいなくなってしまう。

いい顔を見せていても
自分がいなくなったところでは
どんなことを言われているかわからない。
そんなふうに思われてしまうから。

どんなに自分をよく見せようとしても
強く見せようとしても
自分は自分でしかないから。

人によって態度を変えるのを
やめてみよう。

26 はじめる力

「誰に対しても同じ」をはじめる。

どんなときでも
誰に対してでも
同じ態度で接してみよう。

その場だけ態度を変えても
それはすぐに見抜かれる。

本当の自分を見せたほうが
最後には信用が生まれる。

ありのままの自分が
一番魅力的であることは
あなた自身が一番知っているはずだ。

はじめの一歩

誰に対してもありのままの自分で、1週間過ごしてみよう。

やめる力 27

「応援しているふり」をやめる。

「応援しますよ！」と言葉で言っても
それを行動に移すのはむずかしい。

言葉と行動の差を埋めることに
意識を向けてみよう。

自分ができることを、相手に伝えよう。

そして、できそうもないことは、
口にするのをやめてみよう。

相手に期待をさせてしまって
できなかったとき、
相手が受ける落胆は大きい。

応援しているふりを
やめてみよう。

27 はじめる力

「徹底して応援する」をはじめる。

あなたが共感した人は、
徹底して応援しよう。

その人のために
あなたができることのすべて。

「ここまで応援してくれるの？」と
相手に思ってもらえるくらい。

もちろん無理をしてはいけない。

あなたができる範囲での精一杯のことを。

あなたなりの徹底した行動をやってみよう。

はじめの一歩　**応援したい人をまず、ひとり決めてみよう。**

やめる力 28

「たくさん応援しなければいけない」をやめる。

誰かを一生懸命応援することはいいこと。

そう言われても
自分には余裕がない、

そんな時間がない。

そう思うと、何もできなくなってしまう。

そんな人は、きっと
たくさん応援しなくてはいけないと考えているのだろう。

でも、応援は
ちょっとだけでもいい。

あなたの気持ちが伝われば
きっと相手はうれしいから。

たくさん応援しなければいけないを
やめてみよう。

28 はじめる力

「1分だけでも応援する」をはじめる。

1分でできる応援の仕方を探してみよう。

声をかけてあげる。
電話してみる。
1行の応援メッセージを書く。
ココロの中で、声援を送る。
誰かに紹介する。

短い時間でも
できることはたくさんある。

あなたのすきまの時間にできる方法で
誰かを応援してあげよう。

はじめの一歩

1日1通、好きな人に応援メールを送るようにしよう。

やめる力 29

「ひとりだけを応援する」をやめる。

あなたの応援したい人を
とことん応援するのはとてもいいこと。

でも、
そのときに陥りがちなのは
その人しか見えなくなってしまうこと。

あなたが応援したい人のまわりにも
素敵な人たちがたくさんいる。

いろいろな人たちに
目を向けることを忘れないようにしよう。

今まで以上に応援したい人が増えるはず。

ひとりだけを応援するのを
やめてみよう。

29 はじめる力

「まわりの人も応援する」をはじめる。

応援する人はたくさんいてもいい。

あなたが今、応援している人のまわりに目を向けて、
応援したいと思う存在を見つけてみよう。

価値観が似てる人、
あなたと同じ方向を目指す人がいるはず。

でも
ちょっと違う視点も持っている。

その新たな視点はあなたの幅を広げてくれる。

今のあなたに必要な人が
そこにいるかもしれない。

はじめの一歩

あなたが応援したい10人のリストをつくってみよう。

やめる力 30

「応援されてから応援する」をやめる。

自分が応援してもらってから
相手を応援するのは当たり前のこと。

成功している人は
自分からすすんで
たくさんの人を応援している。

それは見返りを求めないからできること。

何かをしてもらったから、応援するのではない。

ギブ・アンド・テイクより、
ギブ・アンド・ギブ。

与えて、また与える。

応援されてから応援するのを
やめてみよう。

30 はじめる力

「先に応援する」をはじめる。

相手からのアクションを待たずに
自分から応援しよう。

あなたが共感する人。
あなたに影響を与えてくれた人。
たくさんの人に紹介したいと思う人。
あなたの大好きな人。

そんな人がいたのなら、自ら応援団になってしまおう。

小さな応援をできるところからはじめていこう。

先にたくさん応援した人が、
一番応援される人になっていくはず。

はじめの一歩

まだ逢ったことのない人を応援してみよう。

やめる力 31

「足りない部分を探す」をやめる。

あの人のここが悪い。
あの人はなんでうまくできないんだろう。

他人の足りない部分は、
よく見えてくるもの。

でも、
できていない部分を探してもいいことはない。

これは自分にも言えること。

できていないことばかりを意識するのではなく
できていることに目を向ける。

まずは
足りない部分を探すのを
やめてみよう。

31 はじめる力

「得意なことを見つける」をはじめる。

「この人は、こんな得意なことがあったんだ」
長所にフォーカスを当ててみると
素敵なところがたくさん見えてくるようになる。

この人は、何が得意なんだろう。
優れているところはどこだろう。

人は誰でも得意なことを持っている。
それに気づくことからはじめよう。

そして、その得意な部分を
生かしてあげよう。

きっとその人の魅力が何倍にもなるから。

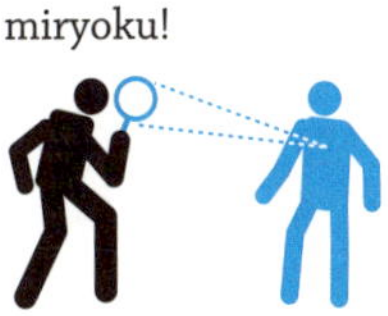

はじめの一歩

人と出逢ったら、まず、その人の得意なことを探して、伝えてみよう。

やめる力 32

「自立にこだわる」をやめる。

あれも、これも
いろいろなことを自分でやっていけるあなたは
世の中からも認められるかもしれない。

でも
すべてをあなたがやる必要はない。

全部自分で！
と考えてしまうと
抱えるモノが増えてくる。
いっぱいいっぱいになってくる。

ココロにも、カラダにも
ゆとりがあったほうがおだやかになれる。
視野が広がって豊かになれる。

自立にこだわるのを
やめてみよう。

32 はじめる力

「才能を分かち合う」をはじめる。

自分の得意なことはどんどん伸ばそう。
自分が苦手なことは苦手だと認めよう。

そして、その苦手なことはしなくてもいい。
あなたの苦手が得意な人はたくさんいる。
苦手なことはその人たちにしてもらう。
そして、あなたが得意なことを誰かにしてあげよう。

才能や能力を分かち合いながら
いっしょに人生をつくりあげていこう。

あなたがすべてしなくても、共創することで
あなたはあなたしかできないことに集中できる。

そのほうがお互い、しあわせだから。

はじめの一歩

あなたが得意なことを、誰かにしてあげよう。

やめる力 33

「縁が途絶えてしまう」をやめる。

一度逢った人には
メールでお礼を出す。

でも、そのあとが続かない。

そしてそれっきりになってしまう。

そこで縁が途絶えてしまう。

でも、この世界の中で
人と人が出逢える確率は67億分の1。

それは
偶然出逢ったとは思えないくらいのすごい確率。

だからこそ人との出逢いを大事にしたい。

人との縁が途絶えてしまうのを
やめてみよう。

33 はじめる力

「縁を大事にする」
をはじめる。

あなたの一番の資産は、あなたの友人たち、
あなたの同僚、
あなたのお客様。

そう、あなたにかかわっている人たちすべてが
あなたの宝物。

一度、縁ができたら
忘れられないように定期的に声をかけよう。

相手の中にあなたの存在がある限り
縁は続いていく。

あなたが、かかわればかかわるほど
相手もあなたとの縁を大切にしてくれる。

houkoku

はじめの一歩

今まで出逢った人に、最近の活動についての報告ハガキを出してみよう。

やめる力 34

「自分のことばかり考える」をやめる。

誰でも
ついつい自分のことばかり考えてしまいがち。

もちろん、自分を大切にすることは、
大事なこと。

まずは自分を大切にしたうえで
相手も大切にしてあげよう。

相手のことを考える時間が増えれば増えるほど
しあわせがやってくる。

自分のことばかり考えるのを
やめてみよう。

34 はじめる力

「相手が喜ぶこと」をはじめる。

どんなことをすれば、
相手が喜ぶだろう。

迷ったら、まず、自分がしてほしいことをしてみよう。

そして、相手が喜ぶことを探してみよう。

何がうれしいのか？
何をしてほしいのか？

それに気づくには、日ごろから相手のことを観察すること。
コミュニケーションを取ってみること。

相手が喜ぶことの第一歩は
何をしてもらうとうれしいかを聞くことからはじまる。

はじめの一歩

「ありがとう」のメッセージを書いて、まわりの人に渡してみよう。

世界の国の
「ありがとう！」

Thank you
（サンキュウ）　英語

Merci
（メルスィ）　フランス語

Danke schön
（ダンケ シェーン）　ドイツ語

Gracias
（グラシアス）　スペイン語

Grazie
（グラッツィエ）　イタリア語

Dank u wel
（ダンクウェール）　オランダ語

Kiitos
（キートス）　フィンランド語

Спасибо
（スパシーバ）　ロシア語

Tak
（タック）　デンマーク語

Dziękuję
（ヂェンクウイェン）　ポーランド語

世界の国の「ありがとう！」

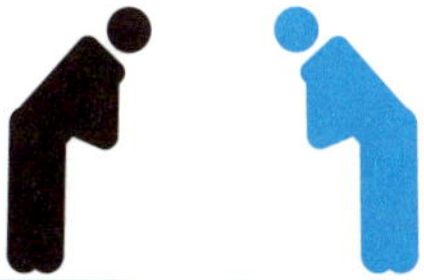

謝謝
（シエシエ）　中国語

감사합니다
（カムサハムニダ）　韓国語

Баярлалаа
（バヤルララー）　モンゴル語

धन्यवाद
（ダンニャワード）　ヒンディー語

Terima kasih.
（トゥリマカッシ）　インドネシア語

Cám o’n
（カームオン）　ベトナム語

Teşekkür ederim
（テシェッケル エデリム）トルコ語

Ευχαριστώ
（エフハリスト）　ギリシャ語

Asante
（アサンテ）　スワヒリ語

شُكْرًا
（ショクラン）　アラビア語

やめる力 35

「遠くの人から」をやめる。

今いる地域で一番になるよりも
日本で一番になったほうがいい。

日本で一番になるよりも
世界で一番になったほうがいい。

そんな考えだと
より遠くの人へ、遠くの人へと意識が向いてしまう。
遠くの人たちに何かを伝えようと背伸びしてしまう。

でも大切なのは、
あなたのまわりの人に認めてもらうこと。

世界で一番になる
そのはじめの一歩は
まず、あなたの近くにいる人たちの中で
一番になることだから。

遠くの人からを
やめてみよう。

35 はじめる力

「近くの人から」をはじめる。

しあわせは、
身のまわりから広がっていく。

近くの人をしあわせにすることができる人は、
遠くの人もしあわせにできる力を持っている。

まずは一番近くの人を
しあわせにしてあげよう。

あなたに一番近い人は
あなた自身。

そう、まず
最初にあなた自身をしあわせにしてあげよう。

shiawase

はじめの一歩

自分が今まででしあわせを感じた瞬間を思い出してみよう。

やめる力 36

「気持ちを言わない」をやめる。

あなたの気持ちは
伝えなければ誰もわかってくれない。

いっしょにいれば、気持ちをくみ取ってもらえるはず。
そう思うかもしれないが
なかなか相手は気づいてくれない。

なんでわかってくれないの？
そう感じるのは
あなたが気持ちを伝えていない証拠。

自分の気持ちに気づくことができるのは
自分しかいない。

自分の気持ちを相手に届けられるのも
自分しかいない。

自分の気持ちを言わないのを
やめてみよう。

36 はじめる力

「気持ちを伝える」をはじめる。

私は、うれしい。
ぼくは、感謝しているよ。
私は、おかげでとても助かっているの。

そんなふうに
自分の気持ちを言葉にして相手に伝えることで
ふたりの関係はよくなっていく。

近い関係であればあるほど
自分の気持ちを伝えることを忘れないようにしよう。

思っていても言えないことは
ないだろうか？

たくさん話して、ココロの距離を近くしていこう。

watashi
desu

はじめの一歩

自分の気持ちを「私」を主語にして伝えてみよう。

やめる力 37

「期待通り」をやめる。

相手が求めていることを
そのまま行なう。

普段はそれでもいいかもしれない。

でも
いつもいつも「期待通り」の対応をしていると
それは「想像通り」の対応に変わってしまう。

相手は本当に喜んでくれるだろうか？

「この対応でもいい」と
「この対応のほうがもっといい」には
大きな違いがある。

相手の期待通りにするのを
やめてみよう。

37 はじめる力

「サプライズ」をはじめる。

相手が期待していること以上のことを
やってみよう。

期待を上回ったとき、
喜びが生まれる。

記憶に残る。
感動が生まれる。

大きく期待を上回らなくていい。
ちょっと上回るだけでいい。

そのちょっとが
大きな感動につながっていく。

はじめの一歩

友人の誕生日にサプライズでプレゼントを渡そう。

3章

Chapter-three

自分を好きになるための

やめる力《ちから》

やめる力 38

「無理をする」をやめる。

今、無理をしていることはないだろうか。
気づかないうちに、無理を重ねていないだろうか。

もし
お金も、時間も、自信もあったら
何をやめて、何をはじめたいだろう。

その生活と
今の生活をくらべてみると、
自分がどんな無理をしているのかが見えてくる。

無理はしなくていい。

あなたの人生は他人のためにあるのではなく、
あなたのためにあるから。

無理をするのを
やめてみよう。

38 はじめる力

「自然体」をはじめる。

あなたらしさを発揮しているとき
あなたは一番輝いている。

無理をするのではなく、
自分がやりたいと思ったことをやるだけ。

力を抜いて、
行動してみよう。

あなたらしい行動をすれば、
あなたのカラダが喜ぶはず。
あなたのココロが喜ぶはず。

カラダとココロの声を聞きながら
すべてのことに取り組んでみよう。

ganbaranai
ganbaranai

はじめの一歩

あなたが、不自然と感じていることをやめてみよう。

やめる力 39

「あの人、だからうまくいくと思う」をやめる。

あの人だから、うまくいったんだ。

あの人は才能があるから、私とは違う。

成功している人を見ると
そんなふうに思ってしまう。

でも、あなたもあの人も同じ人間。
可能性は誰にでもある。

できない理由を見つけるのではなく
どうすれば自分もできるかを考えてみよう。

ほかの人ができて
あなたができないことはない。

あの人だからうまくいくと思うのを
やめてみよう。

39 はじめる力

「演じてみる」をはじめる。

あの人みたいになりたいな。

そう思ったら、
まるでその人になったかのように、演じてみよう。

あの人だったら、
どんな言葉を使うだろう。
どんな選択をするだろう。
どんな立ち居振る舞いをするだろう。

思い切って
その人になりきって、行動する。

今までの自分からは想像できない言葉や行動が
生み出されることだろう。

はじめの一歩

こうなりたいと思う人になりきって、1日過ごしてみよう。

やめる力 40

「ただなんとなく」をやめる。

ただなんとなく、参加しているだけ。
ただなんとなく、やっているだけ。
そんなモノはないだろうか。

今までの流れでただなんとなく。

目的意識はないけれどいいことがありそうだから
なんとなく。

そんな行動は
あまり続ける価値はない。

なんとなくしか取り組めないモノはいらない。

あなたが夢中でやれるモノだけ選択していこう。

ただなんとなくを
やめてみよう。

40 はじめる力

「夢中」をはじめる。

何かに夢中になっている人は魅力的な人、
輝いている人、
仲間が集まってくる人、
成功する人。

人の目を気にしない。
計算で生きていない。

ただがむしゃらに
向かいたいところへ向かうだけ。

何かに夢中になったあなたは輝いているはず。

そして、夢中になれる大人が増えるだけで
未来もきっと明るくなる。

muchuu!

はじめの一歩

ごはんを食べるのを忘れるくらい夢中になってやったことを思い出してみよう。

やめる力 41

「自分を犠牲にする」をやめる。

自分を犠牲にして生きていると
なんのために生きているのかがわからなくなる。

あなたのカラダは
あなたのモノ。

あなたの人生も
あなたのモノ。

だから、こわさないよう守るのもあなたの役目。

もっと大切にしていきたい。
もっと大事にしていきたい。

いつもココロの声を聞いて
悲鳴を上げていないか確認しよう。

そうやって
自分を犠牲にするのを
やめてみよう。

41 はじめる力

「自分を大切にする」をはじめる。

誰かのために、何かをする。
それはすばらしいこと。

でも、その前に必要なのは
自分を満たすこと。自分を大切にすること。

そうすれば、自分と同じように
ほかの人を満たしてあげることができる。
相手の喜びも大きくなる。

自分を大切にできない人は
きっと、ほかの人も大切にできない。

まずは自分から
大切に扱ってあげよう。

はじめの一歩

今、自分がつらいと思っていることを書き出して、解決策を考えてみよう。

やめる力 42

「我を通す」をやめる。

これが正しい。

あれは間違っている。

今までの知識と経験を生かして考えると
何が正しくて
何が間違っているかを判断できる。

でもその判断が、絶対正しいとは言えない。

あなたの中にはあなたの基準があるように
人には、あなたとは違う基準がある。

世の中の基準も、違うかもしれない。

自分の中の基準や固定観念を捨てれば
新しい考え方ができるようになるはず。

我を通すのを
やめてみよう。

「素直」をはじめる。

アドバイスを受けたら、まずはやってみる。
素直にチャレンジしてみる。

そのとき、あなたの今までのルールが
ジャマをするかもしれない。

でも、もし
あなたが今、不満に思っていることがあるのなら、
変化を望んでいるのなら、
とくに素直になってみよう。

今の状態は
今までのあなたのルールで行なってきたことの結果だから。

素直さを味方にして成長していこう。

はじめの一歩

1週間、「でも」「だって」は使わず、人から言われたことは「はい」と受け止めよう。

やめる力 43

「むずかしい顔をする」をやめる。

あれもやらなきゃ、これもやらなきゃ。

ミスをすると、また怒られてしまう。

このクレームにどう対応しようか。

そんなときのあなたは
きっとむずかしい顔をしている。

眉《み》間《けん》にしわがよって、
目がつり上がって、
歯をくいしばって。

そうすると
カラダにも力が入ってしまう。

そんな状態が続くと
ココロも、カラダもリラックスできない。

ストレスを手放すためにも
むずかしい顔をするのを
やめてみよう。

43 はじめる力

「笑顔になる」をはじめる。

笑顔は自分を元気にする。

そして
まわりの人も元気にする。
しあわせにする。

今のあなたの顔を確認してみよう。
どんな顔をしているだろうか。

もし笑顔を手放してしまっているのであれば
すぐに取り戻そう。

笑顔とともに
きっと、しあわせがやってくるから。

はじめの一歩

1日1回、鏡に向かって笑顔をつくってみよう。

やめる力 44

「人が見ているところでだけがんばる」をやめる。

私は、ちゃんとやっていますよ。

わかってほしいから、
人が見ているところでは
一生懸命。

人に認めてもらえるよう、動いている。

人が見ているところでアピールするのもいいけれど
見えないところで行動することも必要。

結果を出している人は
見えないところでも
きちんと行動している。
努力している。

人が見ているところでだけがんばるのを
やめてみよう。

「見えないところで行動する」をはじめる。

本物は、見えないところでこそ努力をしている。
見せない努力、それこそが本物の行動。

誰も見ていないところで勉強する。
仕事がしやすいように、朝一番に出社して
会社の掃除をする。

気づかれないけど、いいことをする。
それは、認められるためにやっていることではない。

ただ、いいと思ってやっていること。
自分がココロからやっていること。

人に評価されるためでもなく
自分の成長のため、
世の中のためと思える行動をやってみよう。

はじめの一歩

自分のためになりそうな本を1冊選んで、こっそり読んでみよう。

「当然と思う」をやめる。

私たちの身のまわりにあるモノ。
それに慣れてしまうと、
あって当然と思ってしまう。

すると
そこに感謝の気持ちはなくなっていく。

あらためてまわりを見回してみよう。
身近にあるのが当たり前のモノばかりだろうか。

私たちにとっては、あって当然のモノでも、
別の国では、なくて当然のモノかもしれない。

そう、それは、誰にとっても
あって当然というモノではない。

当然と思うのを
やめてみよう。

45 はじめる力

「感謝する」をはじめる。

当然と思う気持ちを手放すと
いろいろなモノに感謝できる。

屋根があって、ありがとう。
着るモノがあって、ありがとう。
食べるモノがあって、ありがとう。

そんなふうに感謝を見つけていくと
生きていることにも感謝する気持ちが生まれる。

身のまわりのモノに
感謝することからはじめてみよう。

あなたは、すでに豊かである。

はじめの一歩

まわりを見渡してみて、そこにあるモノすべてに感謝してみよう。

やめる力 46

「自分ひとりで決める」をやめる。

これは人に相談するまでもない。

こんなことで相談するのは恥ずかしい。

そんなふうに考えて
なんでも自分ひとりで決めてしまう。

そんな人も多いかもしれない。

でも
自分で抱えきれないモノを手にしたときに
迷ってしまう、
自分を責めてしまう。

自分を苦しめないためにも、
自分ひとりで決めるのを
やめてみよう。

46 はじめる力

「相談する」をはじめる。

人から相談されたほうは
自分が信頼されている、頼られていると感じて
うれしいもの。

その人のために
できる限りのことをやってあげたい思う。

相談することで、心強い仲間が増えるということ。

何かにチャレンジするとき
仲間といっしょのほうがいい。

困ったときは思い切って相談してみよう。

こころよく話を聞いてくれる人がたくさんいる。

はじめの一歩

なかなか言えなかった悩みを、思い切って友人に相談してみよう。

やめる力 47

「必要最低限のモノしか持たない」をやめる。

あなたの仕事に必要な道具は決まっている。
いつもはその道具だけを
持ち歩いていることだろう。

自分が必ず使う道具だけ、使い慣れた道具だけ。

手元に置いておく道具を少なくすることは
効率的かもしれない。

でも、もしかしたら
道具が増えたほうが人生が楽しくなるかもしれない。

今まで手にすることのなかった道具に
興味を持ってみよう。

新たな楽しみが増えていく。

必要最低限のモノしか持たないを
やめてみよう。

47 はじめる力

「秘密の道具を持ち歩く」をはじめる。

あなたの魅力を何倍にもする秘密の道具は
世の中にたくさんある。

特別な道具というわけではない。
身近にあるモノ。

それは、お礼を出すためのハガキかもしれないし、
味のある字を書くためのペンかもしれない。

忘れたくない風景を撮影するカメラかもしれないし、
見るだけで元気になる写真かもしれない。

こんな道具があったら、
楽しい！　ワクワクする！
そんな秘密の道具を揃えてみよう。

はじめの一歩

見ていると元気になれる写真や小物をカバンに入れて、持ち歩いてみよう。

元気をくれる秘密の道具たち

行ってみたい
場所の写真
笑顔の
家族の写真
楽しい予定を
書きこんだ
手帳
かわいい
シールや
スタンプ
力をもらえる
パワーストーン
いつもと
違う色の
メイク道具
もらった
名刺だけを
入れる
名刺入れ
うれしくなる
言葉が書いて
ある手紙
力をくれる
お守り
好きな
キャラクター
の人形
優れた
デザインの
カバン

やめる力 48

「これで十分」をやめる。

何かをつくりあげるとき
これで十分
そう思った瞬間に完成度は落ちるもの。

自分がつくるモノに完璧《かんぺき》なモノはない。

まだまだよくなる可能性が残っている。

これはすべてのモノにいえる。
自分自身も同じ。

さらによくなるためには
何ができるだろう？
そんな質問をつねに自分に問いかけよう。

これで十分を
やめてみよう。

48 はじめる力

「いつも自分を磨く」をはじめる。

どんなときも
自分を磨くことを忘れないようにしよう。

自分はまだまだ。

そんな意識を捨てずにいることで
自分磨きは続いていく。

最初は汚れているように見えるただの石でも
磨けば磨くほど、まぶしいくらいに輝く
ダイヤモンドになる。

うまくいっている人ほど
成長しようという意識を持っている。

はじめの一歩

自分に足りないモノを持っている人に話を聞いてみよう。

やめる力 49

「見返りを求める」をやめる。

プレゼントを渡したから
きっとお礼をくれるはず。

手紙を出したから
返事が来るはず。

与えてあげたんだから
今度はもらえるはず。

ココロのどこかで
そんなふうに思っている自分がいる。

でも、いつも見返りを求めている人より
見返りを求めずに行動している人のほうが
魅力的。

見返りを求めるのを
やめてみよう。

49 はじめる力

「求めずに行動する」をはじめる。

何かがもらえるから、
してあげる。

見返りがあるから
行動する。

その気持ちは捨てて
見返りを求めずに行動してみよう。

それだけで気持ちがいい。

相手の反応でストレスを感じることがなくなる。

ただ与える気持ちを持って
行動してみよう。

はじめの一歩

いいことをしてもお礼を言われなかったとき、「ありがとう」とささやいてみよう。

やめる力 50

「完璧を求める」をやめる。

何をやっても続かないという人。
それは
いつも完璧を目指してしまうからかもしれない。

もっと、こうしなきゃいけない。
もっと、きちんとやらないと意味がない。

自分で高い壁を設定してしまっているから
その壁がなかなか乗り越えられずに
ざせつしてしまう。

でも
続かないと、もっと意味がない。

最初は、目指す壁は低いほうがいい。

完璧を求めるのを
やめてみよう。

50 はじめる力

「毎日できること」をはじめる。

毎日継続するポイントは、
毎日できることしかしないこと。

時間は、自分が確保できるだけ。
1日、10分でもいい、1分でもいい。
毎日続けることができる時間の中でやってみよう。

もちろん、完璧にやる必要はない。

その時間の中でできることを精一杯やるだけ。

それを毎日積み重ねていくだけでいい。

それがいつしか
とても大きな力になっていく。

はじめの一歩

1日1分、毎日続けられることを見つけて、やってみよう。

やめる力 51

「めったに喜ばない」をやめる。

むじゃきに喜ぶ姿は
恥ずかしくて見せられない。

そんなことで喜ぶ必要はない。

そんな冷めた人生よりも
ささいなことでも喜べる人生のほうがいい。

踊っている人を見て笑うよりも、
自分もいっしょになって
踊ってしまうほうが人生は楽しめる。

人生は一度だけ。
喜びを抑えこむなんてもったいない。

めったに喜ばないのを
やめてみよう。

51 はじめる力

「ちょっとしたことで喜ぶ」をはじめる。

毎日の中には、
喜べる出来事がたくさん隠れている。
そんな出来事を発見してみよう。

ちょっとしたうれしい出来事を。

どんなささいなことでも喜べる力、
喜び力をアップするだけで
人生の質が高くなる。

喜ぶ人のまわりには
笑顔の人が集まってくる。

それだけで豊かでしあわせな暮らしへと変化する。

はじめの一歩

1日の中でうれしかったこと、喜びを感じたことを手帳につけていこう。

やめる力 52

「教えない」をやめる。

いいお店を見つけたとき、
お得な情報を知ったとき、
素敵すぎる人に出逢ったとき、
「誰にも教えたくない！」
という気持ちが出てくるかもしれない。

自分だけのモノにしたくなるかもしれないが、
人に教えてあげても、そのモノの価値は下がらない。

むしろ、
人といっしょに楽しめる時間が増えていくだけ。

あなたが教えたくないと思っているモノを
友人に教えてあげよう。
きっと喜んでもらえるはず。

情報は、
人と共有できるところに価値がある。

教えないを
やめてみよう。

52 はじめる力

「推薦する」をはじめる。

「この人、素敵！」
そう思える人がいたのなら、どんどん紹介してあげよう。

その人を求めている人に。
その人がさらに輝けるところに。

自分で自分を応援するのはちゅうちょするけど
自分が好きな人なら
積極的に人に推薦できるはず。

自分が知っているその人のすばらしさを
誰にも伝えないのは
世の中のためにならない。

好きな人のよさを広めてあげよう。

はじめの一歩

あなたが人に推薦したい「おすすめの人」を決めてみよう。

やめる力 53

「拒絶すること」をやめる。

人にほめられると
「そんなことないよ！」
と拒絶してしまう。

謙遜《けんそん》するココロも大切だけれど、
相手の言葉を拒絶するということは、
相手の意見も否定してしまうこと。

相手は、あなたのことを認めてくれているのに
あなたは、相手のことを本当には認めていない。

それではふたりの関係のバランスが
崩れてしまう。

ほめられたとき、
それを拒絶することを
やめてみよう。

53 はじめる力

「受け取ること」をはじめる。

人からほめられたとき、
認められたとき、
何かをもらったとき、
笑顔で「ありがとう」と言ってみよう。

相手は喜んでくれるはず。

仕事や人間関係、
うまくいっている人の共通点は
受け取る力があるということ。

気持ちよく、
相手の言葉や行為を受け止めてあげよう。

はじめの一歩

ほめられたら、笑顔で「ありがとう」と言ってみよう。

やめる力 54

「意識せずにやっているよくないこと」をやめる。

人が見ていないところだと
「ま、いっか」
という気持ちが芽生えてくる。

ふだん、緊張感があればやらないことも
誰も見ていないと思えば
ついついやってしまう
よくないことがあるかもしれない。

人は見ていないかもしれないけれど
自分のココロはその行動を見ている。

ほかの人をあざむくことはできても
自分はだませない。

そんなことを続ければ
いつか、自分がきらいになってしまうかもしれない。

意識せずにやっているよくないことを
やめてみよう。

54 はじめる力

「さりげなくいいことをする」をはじめる。

電車でおばあちゃんに席を譲ってあげる。
入ったトイレが汚れていたらちょっと掃除をする。
目の前にゴミが落ちていたら拾う。

「いいことをしよう！」
と意気込んでやるのではなく
自然とカラダが動く。

そんなさりげなさを持っていたい。

やったほうがいいと思うことは、
ちゅうちょせずに行動する。
普段から取り組むことで
さりげない行動が生み出される。

はじめの一歩

「落ちているゴミを見たら拾う」を習慣にしてみよう。

あとがき

ひとりでも多くの人が、
自分の「役割」を楽しんでできる世の中をつくりたい、
そんな「想い」を持って、この本を書きました。
なぜならば、それが私の夢だからです。

ここでいう「役割」とは
自分だからできること、
やっていて夢中になれること、
無理しなくてもできること、
誰がなんと言おうとやりたいことです。

それは、その人にとってのライフワークだったり、
ミッションだったりします。

この本の冒頭でも書きましたが、
私は、まわりの目が気になり、
本当の自分を見られるのが怖くて
いろんなことをやりすぎていました。
どれも手放さずに。

たくさん手に入るけど、
たくさん成長しているけど、
しあわせからは、ちょっと遠い。

でも、少しだけ勇気を出してやめることをはじめてから、
たくさんのしあわせが降ってきたのです。

夢に近づくには、豊かになるには、
やめる力を身につけること。

無理していることをひとつずつ、やめることで
自然にうまくいきはじめます。
私がそうだったように。

「そうだ！　あれをやめよう！」
この本を読んで、
ひとつでもやめることを見つけてもらえたら
こんなにうれしいことはありません。

自分らしさを、思う存分発揮して
しあわせな人生をつくることができるのですから。

最後に、この本にかかわったすべての方に
ココロから感謝しています。
あなたを含めて。

2009年5月吉日

マツダミヒロ

カバー＆本文デザイン、イラスト／井上新八
編集協力／小川由希子
校正／鈴木健一郎

〔著者紹介〕
マツダ　ミヒロ（まつだ　みひろ）
　質問家。「やる気」と「能力」を引き出す〈質問の専門家〉として全国、海外で講演を行っている。日本メンタルヘルス協会公認カウンセラー。毎日２万人が読む日刊メルマガ「魔法の質問」を主宰。
　著書に『こころのエンジンに火をつける魔法の質問』『こころのモヤモヤを解き放つ魔法の質問』（いずれもサンマーク出版）、『質問で学ぶシンプルコーチング』（PHP研究所）『しあわせは、すぐ近くにある。』（大和書房）などがある。

● 日刊メルマガ「魔法の質問」
http://shitsumon.jp/

● 本書は、弊社の「ネット書籍サービス」に対応しています。
お客様のライフスタイルにあわせてお楽しみいただけます
（詳細は裏面をお読みください）。

本書の内容に関するお問い合わせ先
中経出版編集部　03(3262)2124

やめる力　（検印省略）

2009年５月30日　第１刷発行

著　者　マツダ　ミヒロ（まつだ　みひろ）
発行者　杉本　惇

発行所　㈱中経出版
〒102-0083
東京都千代田区麹町3の2 相互麹町第一ビル
電話　03(3262)0371（営業代表）
　　　03(3262)2124（編集代表）
FAX 03(3262)6855　振替　00110-7-86836
ホームページ　http://www.chukei.co.jp/

乱丁本・落丁本はお取替え致します。
DTP／井上新八　印刷／加藤文明社　製本／三森製本所

©2009 Mihiro Matsuda, Printed in Japan.
ISBN978-4-8061-3372-8　C2034

本書をご購入いただいたお客様への重要なお知らせ

この書籍は「中経出版ネット書籍サービス」を無料でご利用いただけます。

当サービスのご登録・ご利用は本書のご購入者本人しかできませんので、ご注意下さい。

ネット書籍サービスとは。

「中経出版ネット書籍サービス」とは、お買い求めの本書と同じ内容の電子書籍（弊社ではネット書籍と呼称しています）を、インターネットを通してパソコン上でもお読みいただけるサービスです。特別な場合を除いて、CD付きの書籍はその音声を、DVD付き書籍はその映像もすべてパソコンで視聴できます。**本書を携帯できない場所（国内外出張先、旅行先、職場等）でも、お手元にインターネットに接続できるパソコンがあればいつでもどこでもご覧いただけます。**

あなただけの本棚をご用意します。

「中経出版ネット書籍サービス」にご登録されると、**サイト内にあなただけの「マイ本棚」をプレゼントします。** 今後、弊社刊行の「ネット書籍サービス対応」と記した書籍をご購入いただきますとすべてあなたの「マイ本棚」に収納されます。

中経出版のベストセラーがネットで読める。

弊社では、弊社刊行の好評書籍を順を追ってネット書籍化（ネットエディション版）しています。ご希望の**ネット書籍が当サービスを通してお求めいただけます（有料）。**お求めいただいたネット書籍はあなたの「マイ本棚」でいつでもご覧いただけます。

ご登録・ご利用は無料です!
本書を必ずお手元において下記サイトにアクセスして下さい。

▶▶▶ **https://ssl.chukei.co.jp/nbs/**

中経出版のホームページからもアクセスできます。

ISBN 978-4-8061- 3372 **-** 8 **登録No.** aa151dMc1sa

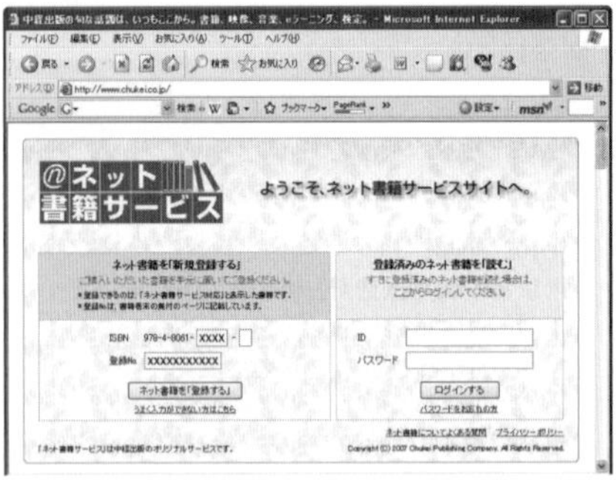

推奨環境

- Microsoft Internet Explorer5.5x以降
- Netscape6以降
- Windows、MacともにFlash Player8.0以上がインストールされていること
- ADSL以上のインターネット接続環境

＊著作権保護の観点から、登録No.は1冊1冊すべて異なります。登録できるのはご購入いただいたお客様ご本人だけです。できるだけお早くご登録下さい。

＊次のような場合には登録できません。
●中古書店で購入された場合などで、すでに前の所有者が登録されている。●会社で購入された場合などで、すでに会社の購入担当者が登録している。●本書を図書館で借りた。●本書を友人、知人から借りた。●本書を購入していない。などの場合。

＊「中経出版ネット書籍サービス」は、中経出版のオリジナルサービスです。

＊「中経出版ネット書籍サービス」に関するお問い合わせは、メールでお願いします。電話やFAXでのお問い合わせにはお答えできません。

お問合せ先　**netshoseki@chukei.co.jp**